버스 기사 S시인의 운행일지

서수찬 시집

시인동네 시인선 168   서수찬 시집

버스 기사 S시인의 운행일지

시인동네

시인의 말

짠하고 안쓰러웠다.

오랫동안 혼자 버텨 온
『시금치 학교』에게 짝을 드디어 안겨줘서
훨훨 날아갈 것 같다.

세상의 부모 마음이 다 같으리라.

부디 앞가림들 잘하고 잘 살아가길
바란다.

2022년 2월
서수찬

차례

시인의 말

제1부

엉덩이로 책 읽는 우리 가족 · 13

갈비뼈의 무덤 · 14

거위와 눈을 마주치다 · 15

국경을 지키는 일 · 16

풍경 소리 · 18

한 번도 못 들어본 말 · 19

헛것 · 20

골목 · 22

유령의 발자국 · 23

버스 기사 S시인의 운행일지 · 24

고등어 신호 · 26

달마가 동쪽으로 간 까닭은 · 27

만두가게 · 28

라일락 필 때 · 30

멸치 떼 · 31

우럭 · 32

제2부

사람의 열매 · 35

교보문고 · 36

살구처럼 · 38

갈매기 떼 · 39

서열 · 40

복수초 · 42

사골국 · 43

빗소리라는 철학서 · 44

사양산업 · 46

다시 · 47

귀가 슬픈 사람 · 48

샌드위치 맨 · 50

꿈 · 52

사과껍질 · 53

나물 옆에 따닥따닥 붙어서 · 54

모과 · 56

제3부

얼굴 · 59

블로그 시집 · 60

도시락 뚜껑에 쓴 시 · 62

만재도 할머니 이야기 · 63

도토리 시인 · 64

떠다니는 집 · 66

배려 · 67

빨래 저항 · 68

운주사 석불 · 70

비둘기호 열차 · 71

절벽 계단 · 72

석이버섯 · 74

조기가 사는 법 · 75

졸업 사진 한 장 · 76

맨드라미 · 78

철공소의 감나무 · 79

토란잎 · 80

제4부

바오바브나무 · 83

숨은그림찾기 · 84

봉숭아 · 85

곰보 여자 · 86

오동잎 · 88

오토바이 비석 · 89

운주사 일주문 · 90

구룡포에서 · 91

큰 놈 · 92

단풍 · 94

운주사 · 95

줄기를 노래함 · 96

책 읽어주는 에어컨 · 97

풀잎 창작과 · 98

손바닥 이불 · 99

헝가리 연인 · 100

해설 사람과 사람 사이를 운행하는 버스 · 101
   신상조(문학평론가)

제1부

엉덩이로 책 읽는 우리 가족

별명이 이동화장실인 마눌님이
뒤가 너무 급해서
주위에 있는 남산 중앙도서관으로 들어간다
덩달아 딸도
엉덩이를 붙잡고
따라 들어간다
아들 녀석도 꼭 누가 핏줄이 아니랄까봐
불고기버거에 감자튀김 콜라
3종 세트로 따라 들어간다

이윽고 줄줄이 엄마를
따라서 나오는데
남산 중앙도서관에 있는 책들을
모조리 다 읽고 나오는 표정들이다

가을이 독서의 계절이 맞는가 보다
장하다,
엉덩이로 책 읽는 우리 가족

갈비뼈의 무덤

기타를 만드는 공장
노동자들의 롤 모델은 자신들이다
기타는 갈비뼈를 그대로 빼닮았다
기타에 자신들의
갈비뼈를 걸어놓았기 때문에
어디서든 줄을 건드리면
몸속에서 먼저 신호가 울린다
자본은 그들의 갈비뼈를
강제적으로 아름답게만 조율하다 보니
기타 줄이 쉽게 끊어졌다
기타 줄은 대체 가능한 물품이다
그래서 누군가 갈비뼈를
통증의 극한까지 잡아당긴다
모든 아름다운 노래 뒤에는
이름도 없는 갈비뼈의 무덤들이 있다

거위와 눈을 마주치다

거위 눈을 오랫동안 들여다보았다
내 수중에 먹이 될 만한 것이
하나도 없었으므로
철책 안의 거위에게 미안한 마음으로
대신 오랫동안 눈을 마주쳐 주었다
거위도 자신에게
말을 거는 것이 처음이라는 듯
나를 오랫동안 보아 주었다
거위 눈동자 속에 내 눈을 담았다
너무 오랫동안
무시하고 살았다는 것을
거위 눈동자는 알려주고 있었다
거위와 나는 서로
눈을 맛있게 먹고 있었다

국경을 지키는 일

나는 버스를 몬다
코로나가 극성을 부려도
나는 버스를 몬다
내가 맡은 건 죽으나 사나 버스 한 대다
내가 맡은 국경은
오로지 버스 한 대다
세계가 이미 다 뚫렸는데도
나에겐 버스 한 대가 나의 세계다
세계에서 유일하게 남은 보루가
내 버스 한 대라 생각하고
나는 오늘도 버스를 몬다
내가 맡은 건 커다란 것도 아닌
눈에 표 나는 것도 아닌
그저 마스크를 안 쓰면 안 태워주는 일
평상시에 욕하는 입을 틀어막는 일
대놓고 무시하던 입들에 꼭
마스크를 씌우는 일
고성방가를 즐기던 입에

방음벽을 설치하는 일
그게 신이 나서
나는 버스 한 대를
철두철미하게 지킨다

풍경 소리

집 전체를 잡고도
저리 맑고도
고운 소리를 낼 수 있다니
나는 마누라도 잡고
자식들을 손아귀에 넣고
집 전체를 호령해도
잡음만 나는데
아무리 태풍처럼 잡아 돌려도
우리 집에서는
풍경 소리가 살지 않는다
나는 나를 너무 많이
오래 잡고 있었다

한 번도 못 들어본 말

언젠가
조그만 개천을 지날 때
홀로 외롭게 서 있는 왜가리를 보고
초등학생 딸이
저기 시인이 시 쓰러 나오셨네 했다

정작 시인 아빠와 살면서도
한 번도 못 들어본 말이었다

헛것

두 가족이 약속을 합니다
토요일에 만나기로 합니다
우리 집에서 한바탕 놀기로 합니다
피자 두 판이 거실을 날아다닙니다
겨울 왕국의 댐이 무너져
거대한 물줄기가 우렁찬 사운드 소리로
TV 밖으로 거대하게 흘러나옵니다
두 가족은 소파 위로 올라가고
식탁 의자 위로 황급하게 뛰어 올라가고
그 와중에도 침대를 타고
꿈속을 항해하는 일원도 생겨납니다
엄청나게 큰 프라이팬을 두 가족이 타고
삼겹살이 빠지면 섭섭했는지
삼겹살 파티를 엽니다
토요일에 일어날 일들입니다
두 가족만 아는 약속입니다
상대방 가족의 어머니는
두 가족의 화면에는 잘 잡히지 않습니다

타 도시에서 멀리 떨어져 혼자 삽니다
한밤에 자꾸만 헛것이 보인다 합니다
헛것은 어머니를 시켜서
우리의 토요일의 약속을 가위질을 합니다
토요일이 무산됩니다

골목
—안 좋은 습관

골목에 대해서
후일담이라고 말하지 말자
나는 골목에게 빚진 것이 너무나 많다
지금까지 살아있는 것도
골목 하나 잘 만난 덕분이다
낯선 구두 소리에게는
그 골목이 그 골목 같고
쫓아오다 제 풀에 지쳐서
자기 구두 소리를 가지고
되돌아서게 만든다
우리 친구는
친목회를 할 때마다 수십 번도 더
내 집 골목을 드나들었으면서도
꼭 전화를 받고 나가서
데려와야만 했다
친구는 시대가 시대니 만큼
그만 안 좋은 습관을 버리라 했다

유령의 발자국

 눈표범에게는 유령이라는 별명이 붙어 있다 그만큼 사람들 눈에 잘 띄지 않기 때문이다 사진작가들이 십 년 이십 년 쫓아다녀도 한 컷도 못 담는 것이 눈표범이다

 유명한 사진작가가 평생을 쫓아다닌 끝에 그 유령을 포착하고 셔터를 누를 순간 영혼까지도 떨릴 그 순간 셔터를 누르지 않고 마음에다만 담았다고 한다 평생 쫓아온 것을 망치고 싶지 않아 그냥 눈에만 담았다고 한다 유령의 발자국만 카메라에 담았다고 한다

버스 기사 S시인의 운행일지

소래를 지나가는 버스는
아직도 불심검문을 한다
무슨 사상을 숨기고 다니는 것도 아닌데
죄다 검은 비닐봉지에다
꽃게나 새우를 숨기고 탄다
문제는 꽃게나 새우가
집게다리나 수염을 이용해서 슬그머니
승객들에게 냄새 테러를 가한다는 데 있다
지독하다
그러니까 검은 비닐봉지는
사상을 가린다
소래 어물전 상인들도
무슨 부끄러워할 일도 아닌데
하루 종일 일한 작업복과
작업복을 따라온 비린내를
검은 비닐봉지에다 숨기고 타는지
검문하면 화부터 낸다
소래 사람도 못 믿냐고

그래 검은 비닐봉지가 당신들을
못 믿게 만든다고
시인들도 못 믿냐고
그래 당신들이 쓴 시가
검은 비닐봉지처럼 모두다 가려서
그런다고

고등어 신호

고등어 신호라고 들어보았는가
바쁘면 바쁠수록
신호는 자주 토막 난다
살다 보면 신호등에
침을 뱉고 싶을 때가
한두 번이 아니다
신호를 무시하고 싶은
우주 끝이라도 직선으로
끊이지 않고 가고 싶은
젊은 측에게는 더 그렇다
어머니가 검은 비닐봉지에
토막 난 고등어를
사 가지고 온 저녁에는
어떠한 경우라도
각자의 위치에서 달리던 것을
잠깐 멈추어 보자

달마가 동쪽으로 간 까닭은

  달마산에 있는 미황사에 갔다 대웅전 옆에 돌무덤이 하나 있었다 무덤의 형태는 있으나 정돈되지 않은 돌무덤이었다 한 시인은 무덤의 주인이 생전에 원한이 많아서 살아있는 사람들이 돌멩이로 무덤을 짓이겼다고 확신 있게 말했다 나는 다비식을 하고 남은 흔적이라고 아는 체를 했다 다른 사람들도 모난 돌무덤 앞에 상석과도 같은 큰 돌이 있어서 암묵적으로 무덤이라고 수긍하고 있었다 허나 미황사의 한 스님이 그건 축대를 쌓기 위해서 모아 둔 돌멩이라고 말했다

만두가게

다들
만두가게를
너무 쉽게 지나간다
아무 비법도 없는 것 같은데
목숨들이 제대로 다 붙어 있다
주머니 속에는 어느새
성인군자 얼굴들을 따로
수북하게 준비해 두었나 보다
콧속에는 이미 노수강이 깊게 파여 있고
노수강 속에는 우리의 고요한 배를 전복하려고
괴물들이 우글거릴 터인데
사람들은
만두가게 앞을
태연히도 잘 지나간다
나는 다른 얼굴을 준비해 둔 것이 없으므로
만두가게 앞을
지나갈까 말까 망설이는데
만두가게 주인이 김이 모락모락 나는

솥단지를 열어제끼자
진짜 사람 얼굴들이
푹푹 신경질을 내고 있다

라일락 필 때

라일락이 필 때
아내는 가스 불을 생각한다
집에서 1박 2일 거리에 떨어져 있는데
아내는 가스레인지의 라일락이 핀 걸
그제서야 생각한다
라일락이 필 때
아내는 아무것도 못한다
가족 간의 단란한 한때도
아무렇게나 가방에 쑤셔 넣고
가스레인지에 라일락꽃이 져 있기만을
간절히 바란다
라일락꽃은
아내를 무장해제 시키는
무서운 꽃이다

멸치 떼

저 멸치들에게도 후회라는 게 있을까
그렇게 떼로 몰려다니지 말고
공부 좀 해라
커서 뭐 될래
부모의 잔소리가 있었을까
책상에 앉아 있는 꼴을
본 적이 없으니
얼마나 작살나게 맞았을까
멸치들에게도 부모가 있었을까
멸치들은 언제나 사춘기를 벗어나나
부모의 잔소리가
떼를 지어 몰려간다

우럭

되는 일이 없을 때
앞이 한 치도 안 보일 때
바닥을 치기만을
바랄 때가 있다

더 이상 떨어질 수 없는 바닥이
희망이 될 수 있다

하지만 바닥이 늘
고향인 사람들에게는
그런 말 하지 마라
그건 욕이다

제2부

사람의 열매

세상 모든 나무들은
열매를 네모나 세모처럼 각이 지게 내지 않는다는 것을
내 머리에 떨어져
저만치 굴러가는 은행 알을 보고 새삼 깨닫는다

열매가 무기가 되지 않게
동그랗게 궁굴릴 줄 아는 마음이
사뭇 고맙다

사람의 열매인 자식도
동그랗게 말아서 세상에 내보내야 하지 않겠나
누구에게 떨어져도
무기가 되지 않게

교보문고

병 주고 약 준다는 말이 있다
나의 청년 시절 독서는
거의 광화문 교보문고에서 이루어졌다
내 주머니 속사정을
발걸음이 먼저 안 까닭이다
어느 땐가 시집 코너에서
정신없이 시인들을 만나고 있을 때
하얀 촌스러운 책가방은
내 어깨에서 입을 조금 벌리고
축 늘어져 있고 아무리 봐도
내 행색은 광화문에 올 차림은 아닌 것 같고
눈마저 푹 꺼져
무언가 굶주려 있는 청년을
교보문고는 가만히 놔둘 리 없었다
관리인을 시켜 나를 은밀하고 구석진
사무실로 데려가 만만한
내 촌스러운 가방을
먼저 열어 보았지만

거긴 할머니의 정성이 흘러넘친 도시락과
수학 1의 정석과 재수 학원증만이
그들의 의심을 당당하게 발로 걷어찼다
교보문고는 알았을까
몇십 년 후에
그 청년의 시집이 진열대 위에 놓이게 될 것을

살구처럼

나무에서 떨어져
바닥에 굴러다니는 살구가
더 달고 맛있다고 한다
나무에 붙은 열매는
그만큼 욕심을 붙잡고 있어서
열매에 대한 애착이 심해서
떫고 맛이 없다고 한다

살구 밭 근처에서
평생 살던 사람이 알려주었다

내 시집에서 떨어져 나간 시가
인터넷에서 마구 굴러다니고
밟히고
어떤 것은 제목까지 바뀌어 있는 것이
희한하게
더 맛있고 달곤 했다
내 것이란 생각을 잊고 산 후였다

갈매기 떼

해변에 갈매기 떼가
내려앉아 있다
사람이 다가가자
일제히 날아오른다
수많은 갈매기 떼가 서로
부딪칠 만도 한데
바닥에 부딪쳐
떨어져 내린 갈매기가
한 마리도 없다
오밀조밀 틈도 없이 모여 있다
날개를 펼 공간조차 보이지 않는데
갈매기들은
옆 갈매기가 날개를 펼 공간을
몸에다 숨기고 있다

서열

서열이라는 말
일렬로 줄 세우고
강압적이고 계급적인 줄로만 알았다
나쁜 걸로만 알았다
제주도에서 말을 타다가
말에도 서열이 있다는 걸 처음 알았다
서열이 낮으면
나란히 걷지도 못하며
추월도 못한다는
사실도 알았다
그래서 어린이나 노약자를
말에 태울 때는
서열이 높은 말을 준다는
사실도 알았다
성인 남자에게는
서열이 제일 낮은 말을 주었다
내가 탄 말도 아무리 엉덩짝을 때려도
조련사의 호령에도

아내가 탄 말을 추월도 못하고
뒤만 졸졸 따라갔다

복수초
— 청년들에게

식물인데도
사람한테 배울 것은 배웁니다
발가락을 끊임없이 움직여
보일러를 발바닥에 하나 마련합니다
아버님 댁에
하나 놔드려야겠다는 그것입니다
식물인데도 참 똑똑합니다
초라하고 보잘 것 없다고
자학하지 않고
겨울이라고 환경 탓도 안 합니다
봄에는 스펙 화려한 꽃들 때문에
경쟁이 안 되기에
스스로 마련한 보일러를
한겨울에 돌려
주위의 얼음을 녹이고
잠망경처럼 꽃 하나를 들어 올립니다
사랑을 독차지합니다

사골국

아빠는 집밥만을 고수하신다
점심시간 종만 치면
눈앞의 구내식당을 마다하고
집으로 달려온다
취업이 안 된 딸은
미안한 마음으로 식탁 위의 사골국에
파를 송송 썰어 넣고
정성들여 아빠의 집밥 한 끼를 마련한다
아빠는 정성이 반찬이라고
어느 때보다 진한 사골국을 맛있게 드시며
저녁에도 이 세상에서 단 하나뿐인
사골국 맛을 보자고 한다
엄마가 파트타임 끝내고
집으로 돌아와서 딸에게 묻는다
식탁 위의 쌀뜨물에
왜 파를 송송 썰어 넣었냐고

빗소리라는 철학서

빗소리만큼 두꺼운 책도 없다
책 읽기 싫어하는 사람들은
아예 빗소리를 펼쳐보지도 않을 것이다
라면이나 끓여서
그 위에 올려놓을 것이 분명하다
파리나 잡는 데나 간혹 사용할 것이다
빗소리 첫 장에는
이렇게 써져 있다
책 첫 장을 열 힘도 없는 자는
먹지도 말라
그런데 책 첫 장을 열 힘은
평생에 한번 찾아올 것이다
역도 선수도 들지 못한
빗소리의 첫 장은
자동적으로 내려오는
내 눈꺼풀과 너무도 닮아 있다
어떤 때는 빗소리를 들고 서 있으면
경로석에서조차

자리를 양보할 때도 있다
나이를 가늠하기 힘든
빗소리라는 철학서

사양산업

죽어가고 있는 것
퇴보하고 있는 업종을 뭉뚱그려 사양산업이라고 한다

그들 업종에 종사하는 사람들은
체념처럼 말한다
미래가 불투명하다고
앞일이 깜깜하다고

사양은 말뜻 그대로 노을이다

누가 저녁노을을 보고
죽어가고 있다고 말할 수 있는가
눈앞이 깜깜하다고 체념할 수 있는가

다시

새 장수가
절 입구에서 새를 팔고 있다
새장에는 새가 가득 들었다
방생할 때마다
복 하나씩 물어다 드립니다
신도들은 새를 사고
절 안에서 방생을 하고
속세의 때가 다 지워진 듯하고
빈 새장에는
만복이 대신 채워진 듯하고
새 장수는 몰래 숲으로 들어가
다시 새를 부르고
훈련된 새들은 다시 새장으로 들어오고
아무것도 모르는
사람들은
방생을 다시 돈으로 사고

귀가 슬픈 사람

나는 아래층 치킨 집 매상을
계단을 밟고 안 내려가 봐도 다 안다
영업이 끝나고
셔터 내리는 소리에
그날 매상의 이력이 다 적혀 있다
나는 장부를 들여다보듯 읽는다
매상이 오른 날의 셔터 소리는 거침이 없이 부드럽게
챠르르 챠르르 내려간다
셔터를 내리는 손길이 부르는 노래가
내 달팽이관에 즐겁게 모인다
매상이 저조한 날에는
셔터가 마지못해 내려오느라
끼걱 끼걱 찌그러진 소리를 낸다
내 귀는 얼른 가서
안 내려오려는 셔터를
억지로라도 도와서 내려주고 온다
어쩌자고 치킨 집 주인은
내 귀에다

가게의 비밀을
속속들이 다 적는 걸까

샌드위치 맨

공단 입구에 서서
매일 아침
샌드위치 맨이 된 은행나무 한 그루
사람 대신에
무조건 만원
대박 세일의 광고판을
가지에 걸고
출근하는 사람들의 눈총을 맞고 서 있다
은행의 전직 고위층이었다고 하고
돈을 셀 수 없이 만졌던 사장 출신이라고 하고
은행나무의 노란 잎사귀처럼
금배지를 달았던 신분이라고 하고
어디 길거리에 나온 사연이 한둘이랴 만은
한결같이 사람이라면 광고판을
목에 걸기를 꺼려할 텐데
얼굴을 마스크로 가리고 모자를 푹 눌러쓰고
전직 신분을 최대한 숨길 텐데
누가 봐도 은행나무인 신분

누가 봐도 매연이나 마시며
길거리에 있기에는 안 어울리는 가문의 나무
은행나무 한 그루가
깊숙이 숨어버린 사람 대신에 기꺼이
공단 입구에 서서
물건을 팔고 있다

꿈

 언젠가 아빠가 내 꿈을 물어봐서 나는 커서 아빠의 우렁각시가 되는 거라고 크게 말한 적이 있다 아빠는 우리 딸의 꿈이 집을 잃어버리지 않고 돌아오는 힘이라고 말했다 먼 바다에 나갈 때 배 한쪽에다 집을 잃어버리지 않게 내 꿈 한쪽을 묶어서 걸어 둔다고 했다 꿈이 풀려서 팽팽하게 당길 때까지만 나갔다가 꿈을 잡고 다시 돌아온다고 했다 아빠를 위해서 나도 내 꿈을 바꾼 적이 없다 될 수 있는 대로 왜소하게 두었다

사과껍질

엄마는 사과껍질을
누구보다도 길게 깎았다
사과껍질을 안 끊어지게 길게 깎으면
복이 들어온다고 했다
엄마는
긴 사과껍질 똬리를 틀며
자식들의 길이 끊긴 데 없이
한없이 이어지길 바랐다
엄마는 사과껍질을
안 끊어지게 아주 길게 깎았지만
정작 자신의 목숨은
짧게 뚝 끊어졌다
아버지만
엄마가 깎은 긴 사과껍질이었다
한 번도 안 끊어지고
정년퇴임까지
무거운 우체부 가방을 메고 다니셨다

나물 옆에 따닥따닥 붙어서

어수리와 진범
참나물과 피나물은
모양이나 생김새가 서로 비슷하게 생겨서
나물을 뜯는 사람을 혼돈에 빠뜨린다
하필이면 서로 멀리
떨어져 자라는 것이 아니라
바로 옆에 따닥따닥 붙어서 자란다

진범과 피나물은 독초라서
사람들을 곤경에 빠뜨린다
처음 나물을 뜯는 사람은 그게 그것 같아서
어수리와 참나물인 줄 먹었다가
불귀의 객이 되는 경우도 있다

글 쓰는 사람으로 생각해본다

독자들에게
진범과 피나물로 속이고 있지는 않은지

시 옆에 바로 따닥따닥 붙어서
시로 위장하고 있지나 않은지

모과

회사 앞 화단에
모과나무 한 그루가 있다
그 나무에는
열매가 익기 전에
따먹지 말라는 푯말이 걸려 있다
못생긴 모과를 따먹는 사람이 있긴 있나 보다
누가 몇백 번을 주물렀다 폈다 하면서
구겨놓은 열매
어디서나 다 보일 만큼 큰 열매
신문지를 덮어두고 싶은
비밀한 열매
나도 시집을 내면
시집 앞에 제목 대신
시가 익을 때까지 읽지 마세요, 라고
적어놓아야겠다
내가 몇백 번 주물렀다 폈다 해놓은
내 모과들

제3부

얼굴

내 고등학교 때 별명이 뒤죽박죽이다. 눈, 코, 입, 귀가 따로 놀아서 붙여진 별명이다. 수학여행 가서 내 옆에서 단체사진 찍던 한 친구는 자기 얼굴 버린다고 정면이 아닌 뒤통수를 찍었다. 지금도 나는 그 사진을 가지고 있지만 그 친구를 욕하지 않는다. 그 친구와 나는 보는 방향이 달랐을 뿐, 난 내 얼굴 때문에 사람의 뒷면까지도 자세히 볼 수 있게 되었다.

블로그 시집

십 년이 넘었는데도
새 시집을 왜 안 내냐고 성화다
무슨 소리냐고
나는 벌써 시집을 냈다고 하면
아무리 검색을 해도
새 시집이 없다고 한다
시집을 머릿속에만 담아 가지고 다니냐고
핀잔을 준다
출판사들은 까다롭고
지들 입맛에 맞는 시인들만
그럴싸하게 포장해 시집을 내준다
하지만 얼굴도 이름도 모르는 블로거들은
한 편이라도 정성들여
해설에다가 독자까지 곁들여서
인터넷에 올린다
그런 게 시집 한 권 분량이다
인터넷에 새 시집이 출판되어 있다
나는 지인들에게 수고스럽지만

손품 좀 팔라고 권한다
내 새 시집은 인터넷에
벌써 출판되어 있다

도시락 뚜껑에 쓴 시

고등학교 시절에 우연히 반 친구들이 내 건강기록부를 보게 되었다 거기에는 영양실조라고 적혀 있었고 그때부터 반 친구들의 도시락 뚜껑 순례가 이어지게 되었다 넌 영양실조라 다른 사람보다 잘 먹어야 한다고, 내 도시락 뚜껑에 각자의 집에서 가장 특별하게 싸온 반찬들을 한 젓가락씩 골고루 수북하게 담아 나에게 가져다주는 것이었다

그때 그 젓가락들의 순례를 나는 지금도 잊지 못한다 시인의 길도 그때 아마 정해진 게 아닌가 싶다 아마 어딘가에 있을 감성의 영양실조에 걸린 사람들에게 시를 배달하는 일 도시락 뚜껑 같은 내 시에 우리 반 친구들이 내게 쓴 절절한 연서들을 빠짐없이 담아 배달하는 일 나 같은 사람에게 평생 잊히지 않는 한 편의 도시락 뚜껑이 되길 바라면서

만재도 할머니 이야기

 만재도 어느 할머니 집에는 크고 작은 낡은 고무물통 십여 개가 뚜껑이 큰 돌에 꽉 눌러진 채 놓여 있다 그 옆에는 이제 수도꼭지를 틀면 물이 콸콸 쏟아진다 칠십이 다 되셨는데도 아직도 물질이다 밭일까지 다 하신다 자식들은 이제 낡은 고무물통이 보기 흉하다고, 물도 십여 년이 넘어서 썩어서 못쓴다고 해도, 빨래 물로도 못쓴다고 해도 할머니는 그건 내 머리에서 마음에서 나온 거라고 극구 만류하신다 할머니가 양동이를 머리에 이고 젊었을 때부터 평생 날라서 채운 물이다 고무물통에는 할머니의 평생이 담겨 있다

 집 안을 치울 때마다 파지가 수북이 담겨 있는 라면상자 여러 개를 버리자는 아내의 성화에 나는 조용히 만재도 할머니 이야기를 들려준다 내 젊었을 때부터 썼던 글이다

도토리 시인

예술가인 양 늘 모자만 쓰고 다닌다고
겉모양 든 시인이라고
욕하지 마세요

옆에다가
늘 막걸리를 끼고 산다고
술주정뱅이 시인이라고
수군대지 마세요

세상에는
밀가루 묵에 아예
우리 이름을 도용하는 사람도 많고요
우리의 시를 표절해서
돈 버는 사람도 수두룩하더라고요

도토리 키 재기라고 외면하는
아주 조그만 삶이라도 찾아가서
이 가을에는 온몸 가루가 되어

꼼꼼히 노래할래요

우리 시는 혀로 읽으면
아주 제 맛이 나지요

떠다니는 집

우리 집은 배도 아닌데
둥둥 떠다닌다
선생님이 가정방문을 다닐 때나
학교 친구들이 뒤를 쫓아올 때는
물도 없는데 떠다닌다
저 밑에 동내 양옥집들 사이로 흘러가 있기도 하고
어떤 때는 루핑을 덮은
진짜 우리 집을 지나치기도 해서
엄마에게 핀잔을 들은 적이 한두 번이 아니었다
선생님은 학기가 끝날 때까지
우리 집을 양옥집으로 알았다
우리 집이 말뚝에 몸을 묶고
잠시 동안 머물러 있을 때는
어스름이 찾아와
모든 눈들을 잠재울 때이다
별들에게 잠깐 묶여 있을 때이다

배려

아가, 송편 속에 넣게
호두나 까라
얼굴에 화색이 돌고
시어머니 면전에서도
탁, 빵, 타다닥, 뽀~옹
엉덩이를 절묘하게 들고
타~탁, 뿌~웅
호두는 절묘하게 깨지고
이제야 동그랑땡이
제 색깔로 돌아왔구나
시아버지의 알 듯 모를 듯한 말에
시어머니도 한 말씀
역시 전은 타이밍이죠

빨래 저항

중국 상해에 가면 시내 한복판인데도 아파트 베란다에다가 이불이며 옷가지며 양말 하물며 빤스와 브라자까지 집의 밑바닥까지 남 보란 듯이 걸어놓는다 누구네 집 안 가리고 다 똑같다 전리품처럼 자랑스럽게 걸어놓는다

그것을 의아해하면서도 관광객들 발길이 끊이지 않는다 그리곤 상해는 빤스와 브라자가 인상적이었다고 말한다 중국 당국에서는 사회적 치부를 적나라하게 드러낸다고 과태료 삼백만 원, 오백만 원을 부과하지만 주민들은 그러거나 말거나 아들 손자 며느리 가리지 않고 색색들이 빤스와 브라자를 악착같이 빨아서 보란 듯 깃발처럼 건다

화수분처럼
끊임없이 빨래를 생산하는 것
아파트 베란다에다가 여느 때처럼 일상을 걸어놓는 것
당국은 두 손 두 발 다 들고
관광객은 빤스와 브라자를 보러
한 번 더 상해를 간다

상해의 명물은 동방명주가 아니라
빨래아파트이다

운주사 석불

배들 고프시죠
내 그럴 줄 알고
수제비 한 솥 가득 끓여 놨으니
들고들 마저 구경하시죠
이리 뭉개고
저리 뭉개고
주물떡 조물딱
어머니 손맛으로
아무렇게나 뜯어서
여기저기 던져 놨으니
늦으면 건더기가 모자랄 줄 모르니
어서들 한 그릇 뜨시고
나머지 구경하시죠

비둘기호 열차

새마을호 지나간다고
서럽게 서고
무궁화호 피었습니다
꽃 옆에 초라하게 멈추어 서고
화물열차가 지나간다고
짐짝 취급도 못 받고 또 서고
신호가 잘못 되었다고
무작정 기다리며 서고
아무도 내리지 않는 간이역에
시간 맞춘다고 서고
에라이,
내가 니네들 호구냐

절벽 계단

코르시카 보나 파시오에 가면
절벽 도시가 있다
까마득한 밑바닥에는 푸른 바다가 있고
깎아지른 공중에는
더 밀릴 데 없는 사람들이 살고 있다
삶에게 쫓겨 먹을 물이 없는 곳까지
사람들은 밀려서 산다

깎아지른 절벽에는
깎아지른 계단이
밑바닥까지 나 있다
물을 구하기 위해서 주민들이 손수
곡괭이나 망치를 들고
절벽을 파서 깎아지른 물관부를 만든 것이다

절실함이란 무릇 이런 것이다

세상의 모든 여행자들이

이 계단만은 여행가방을 메고
오르내리는 것이
많이 미안하다고 했다

석이버섯

시를 쓰면서
당신들은 바위들에게
없는 귀까지 생길 정도로
귀가 없으면 절대로 들을 수 없는
절절한 소리들을
가지고 있나요
목숨 걸고
한 명이라도 시의 까마득한
절벽에서 밧줄을 내려
참소리가 만든 귀를
채취하는 독자가 있다면
당신은 성공한 시인이다

조기가 사는 법

법성포 앞바다에는
이젠 조기가 살지 않는다
대신 대형 24시 사우나
대형 호텔 횟집
대형 나이트
삼겹살집 치킨집
정육점 대형 마트 등이
아주 싱싱하게
물 반 고기 반으로 산다
이젠 조기는
사람들을 잡는 미끼로 사용될 뿐이다
조기들은
아주 촘촘하게 대형 그물을 엮어
전국의 관광객들을
한 사람도 못 빠져나가게 잡는다
다 사람들에게 배운 덕분이다

졸업 사진 한 장
─오규원 선생님께

선생님 가시던 날
오래된 사진 한 장을 꺼냈다
대학 졸업 여행으로 선생님과
제주도에서 찍은 사진이었다
거기에는 빼빼마른
두 남자가 서 있었다 두 남자가
세상에서 얻은 살이라곤
찾아볼 수가 없었다
선생님은 가실 때도
변함없이 그 모습으로 가셨다
나는 지금 세상만큼 살이 올라서
뚱뚱해지고 욕심의 의복도
마음에 겹으로 껴입고
언어도 사진으로 찍는다면
뚱뚱한 배를 움켜잡고 있을 것만 같다
졸업 여행 때의 빼빼마른 사진이
선생님의 시에 더 가까웠다
붉은 펜으로 쫘악 쫙 살을 잘라내고

남은 단단한 시가 선생님 곁에 서 있었다
시인이 된 지금에도
선생님은 그때를 잊을까봐
졸업 사진 한 장으로 마지막 회초리를 드셨다

맨드라미

얼굴 노상 빨개 있는 저 아저씨
하는 일도 없는데
술값은 어디서 나나
하루 종일 지나가는 사람들에게
닭 볏같이 잘나갔던
지난날이나 한 잔 권하면서
했던 말 또 하고
했던 말 또 하고
지겹게 피어 있는 저 아저씨
동네 아이들마저
재수 없게 안 걸리려고
멀리멀리 도망 다니는
오죽했으면
같이 사는 노점 하는 아주머니마저
아무 소용도 없는
예전에 잘나갔다던
그 말의 씨앗도 안 받고
무자식으로 살까

철공소의 감나무

선입견이란 것
가령 이런 것 말이다
철공소에 있는 감나무에
감이 탐스럽게 익었다
괜히 한입 베어 물었다가
이빨이 와장창 나갈 것 같은 기분
철공소 직원들이
잔업이다 철야를 해서
용접도 하고 도장도 예쁘게 해서
간밤에 주렁주렁 감나무에
매달아 둔 것처럼
생각하게 만드는 것
아예 감에는 손도 못 대게
선입견이란 것
그 어떤 따먹지 말라는 푯말보다도
강력하게 지키는
감나무 앞을 지날 때

토란잎

얼굴에
아주 커다란 귀 하나만 달랑 달린
저 동물을
무엇이라 불러야 하나
선거철만 되면
기형적으로 귀만 엄청나게
커지는 족속들을
위층에서 숨넘어가는 신음 소리를
하나도 안 놓치려고
귀가 아주 뒤집힐 정도로
크게 열어놓은 족속들을
남을 험담하는 소문들만 골라서
아주 커다란 창고 같은
귀에다가 담아놓는
저 동물들을
무엇이라 불러야 하나

제4부

바오바브나무

어느 누가 보더라도
저건 딱 행상을 머리에 인 어머니다
저녁 무렵
집으로 돌아가는 길에
우리 새끼들이
어느 곳에서 굶주리고 있지 않나
가장 키가 커진다
새끼들에게 조금이라도
더 보이기 위해
허리를 잠시라도 굽힐 수 없다
새끼들도 그때쯤이면
우리 엄마가
세상에서 가장 큰 거인인 것처럼
멀리서도 한눈에 알아본다
엄마는 말라비틀어진 젖을 열어
세상에서 가장 맛있는
저녁을 차린다

숨은그림찾기

내 어릴 적 숨은그림찾기는
엄마가 주인공이었다

어딘가 꼭꼭 숨어 있다가
엄마가 집에 온 지 얼마 안 되었을 때였다
빚쟁이들이 들이닥쳐
엄마를 찾아내라고 성화였지만
내 숨은그림찾기 속에 숨어 있는 엄마를
누구도 찾을 수 없었다
낡은 슬리퍼로 그려진 엄마는
시간이 갈수록
단순해지고 흐릿해졌다
간혹 사람들이 슬리퍼 주인이 누구냐고 다그쳤지만
나는 누구에게도
엄마의 마지막 신발이라고 말하지 않았다

엄마는 끝내
슬리퍼도 못 신고 맨발로 황천 가셨다

봉숭아

 그 애를 기억하라고 한다면 봉숭아 말고는 안 떠오릅니다 손톱 끝 빨간 봉숭아물 내 발끝에서 머리까지 온통 물들입니다 서양 매니큐어처럼 야하지도 않고 뭐랄까 그냥 옛날 우리나라 여자 이름 같은 것 있죠 그 애네 집은 유독 봉숭아가 많이 피었습니다 낮에 나온 반달마저도 붉어지는 그 애네 집이었습니다 봉숭아, 자꾸만 마음에다 짓이기다 보면 그 애의 얼굴이 손톱 끝에 걸립니다 그 애에게 못 부친 편지도 봉숭아밭에 가득입니다 손톱 끝을 풀고 봉숭아를 읽습니다

곰보 여자

당신, 그거 알아
마당의 그물을 볼 때마다
구멍에 분이나 로션을
듬뿍 바르고 싶을 때도 있다는 걸
구멍을 다 메워
버리고 싶을 때가 있다는 걸
당신, 내가 왜 모르겠어
그물에 구멍이 없으면
물만 허벌나게 먹게 되어서
물고기도 몇 마리 못 잡고
그물마저 풍비박산이 된다는 걸
누구보다 잘 알지
우리가 잡는 건 물이 아니잖아
당신, 얼굴에 그물이 난 좋다
당신 얼굴에 난 구멍으로
물 만난 사내의 욕정 다 빠져나가고
결국에 당신의 남편과
사랑하는 아들만 딱 하고 걸렸으니

당신은
탁월한 어부의 아내이다

오동잎

거대한 몸이 거추장스럽다는 듯
공룡들은 발자국으로만 사네
큰소리로만 평생 살다가
멸망을 맛보았으므로
연필 깎는 소리보다 작게
거리에 몰려다니네
세 살짜리 아이가
공룡 발자국 하나를 아주 거뜬히 드네
거대한 공룡을 이고
아이는 평생 살아갈 것이네
자꾸만 커가는 동안
한쪽 어깨가
땅 쪽으로 기울어 갈 것이네
아이 엄마는
평생 공룡을 들고 살아갈
아이를 보고
박수를 치면서 까르르 웃네

오토바이 비석

비석을 타고
차 사이를 요리조리 피하고
사람 사이를 종이 한 장 차이로 빠져나가고
빨간 불은 아예 안중에도 없다
비석을 타고 앉아 곡예를 부리는 젊은이들
그리도 멋지고 신이 날까
운전하며 도로를 다니다 보면
홀로 넘어져 있는 오토바이들을
곳곳에서 보게 되는데
누군가는 비석처럼 꼭 일으켜 세워둔다
비석은 항상 서 있어야 한다고
돈이 되는 것이라면
맨홀 뚜껑도 뜯어가고
다리 난간도 잘라가고
전깃줄도 잘라가는 고물상들도
꽃도 없고 주인도 없는
저 서 있는 오토바이는 절대 손도 안 댄다
비석을 가져갈 엄두도 안 한다

운주사 일주문

오늘은 면허 시험이 있는 날이다
S자 코스에서만
아홉 번이나 떨어졌는데
맨 처음 걸린 게 하필이면 S자 코스다
어디서들 모여들었는지
생긴 것도 뒤죽박죽인 사람들
걱정의 키가 크던지 작던지
면허 시험에 안 떨어지려고
위험하니 가까이 접근하지 말라는
방송에도 불구하고
S자 코스에
따닥따닥 붙어 있다
운주사에 들어가는 것에 합격하려면
걱정의 S코스에 먼저
붙어야 한다는데
나는 그게 걱정이라네

구룡포에서

당신의 고래 같은 미래를
울산에서 가져갔다 했지요
대게의 속살처럼
깊이 숨겨놓은 순정을
영덕에서 또한 몰래 가져갔다 했지요
멀리 울릉도에게마저
청춘의 단물 같은 오징어를 주었다 했지요
행여나 당신
아무것도 없다고 슬퍼하지 말아요
빈털터리라고 울지 말아요
구룡 영감 소리를 듣는 나이지마는
여태까지 여기를 떠나지 못하고
당신을 속에다가만 담고
과메기처럼 한평생
바싹 말라 갔다면 믿어 줄까요
하여서 구룡포 과메기는
일편단심 맛이 아닐까요

큰 놈

내 어릴 때는
몸은 좁쌀만 하게 작았지만
큰 고기만 잡던 아버지 그물에
매번 걸렸다
아버지는 큰 놈들만 궤짝에 담으면서도
자식도 늘 큰 놈이라
속에 두고 자랑스러워했다
아버지가 노상 말씀하시길
물고기만 팔뚝만 한 것을 잡으면 뭐한다냐
몸만 어른이 되면 뭐한다냐
식구들 입만 생각하면
잔챙이 한 마리 놓치지 않으려고
그물코가 점점 촘촘해지니
사람들과의 관계에서도 놓친 셈이
더욱 아까워지니
어부 일을 그만 둘 때가 되었나 보다
너는 커서
부디 세상만큼 뚫린 구멍에도 걸리는

큰 놈이 되거라
그물은 어느 경우라도 오므리지 마라
그건 네가 앞으로 살아갈 문이다

단풍

가을 햇살은
나뭇잎으로 김장을 한다
겉만 버무리는 게 아니라
속 깊이 구석구석에
손길 안 가는 데 없이 골고루
고춧가루를 집어넣는다
맛깔스런 한 상을 잘 차려놓고
지나가는 사람들에게
맛이나 보고 가라는 듯
붉은 김치 한 움큼씩을
붉은 손으로 입에다 넣어준다
사람들은
마음의 그릇을 가져와
한 보시기씩 얻어간다

운주사

습작품을
막 발표하고 있다
자랑스럽게
내놓고 있다
삐뚤 삐뚤
어디 하나 잘난 것 없는데도
누구 하나 다시
정돈하려 하지 않고
잘난 것만 조명하는 세상에
앞뒤 안 맞는 문장이 있는가 하면
오자투성이가 많은데도
자신 있게 발표하는
작가가 보고 싶다

줄기를 노래함

꽃을 들고 서 있는
줄기들의 노력은
눈물 나게 한다
누구를 받치고자 함인가
손을 머리 위로 높이 쳐들고
공손히 예의를 갖추는 줄기
꽃을 마음 밑으로
내린 것을 본 적이 없다
꽃을 받친 후에도
꽃이 있던 자리를
받치고 있는 줄기에게
손을 그만 내리라고
하고 싶다

책 읽어주는 에어컨

 어떤 날은 북극곰에 대해 얘기해주더군. 짝궁뎅이 곰에 대해 들어나 보았나. 그 녀석이 신나게 달릴 때쯤이면 짝궁뎅이에서 노래가 들려오더군. 짜증이 나 있다가도 그 노래를 들으면 얼마나 우스꽝스러운지 짜증이 온데간데없어지더군. 짝궁뎅이 곰은 가수로 태어나야 했어. 어떤 날은 결혼에 실패한 물개 씨에 대해서 읽어주더군. 대단한 정력가이신 물개 씨께서 결혼에 실패했다니 귀가 솔깃해지더군. 실패한 이유에 대해선 한참 동안 말을 못하더군. 그게 신혼여행 때 많은 펭귄 앞에서 물개 신부를 들고 사진을 찍다가 그만 엉덩방아를 찧었다는 거야. 날씬한 신부 하나 들지 못하는 물개 씨한테 뭘 믿고 평생 자신을 맡기겠냐는 거야. 그날 이후 비행기 타고 쌔앵 가버렸다는군. 물개 씨한테 위문편지라도 써야겠어. 대통령에 출마한 펭귄 후보에 대해서도 한마디 하는군. 그의 소신은 그가 항상 걸치고 다니는 단벌 정장 한 벌을 보고도 알 수 있지. 우울한 소식만 양산되는 요즘 뒤뚱뒤뚱 그의 행보를 보면 웃음이 절로 나지. 그의 걸음은 역시 국민들을 대변하는 걸음이라니까. 요번 여름에는 그의 한 벌뿐인 걸음이 한참 유행하겠는걸.

풀잎 창작과

노교수는
세 명 만을 앉혀놓고
강의를 한다
노교수는
창밖 늙은 나무에게
눈길을 준다
100석에 가까운 나뭇잎도
실상은 조교가
일일이 스카치테이프로
남몰래 붙인 것을
노교수는 알고 있었다

손바닥 이불

기관지 검사를 하고 피를 토해서 응급실에 입원하게 되었을 때 갑자기 열이 나서 온몸이 오슬오슬 추워지고 덮을 이불은 없고 하필이면 반팔 티셔츠를 입고 있었고 아무리 잡아당겨도 팔은 반밖에 안 내려오고 몸은 오슬오슬 더 추워지고 덮을 것은 손바닥밖에 없어서 손바닥으로 팔을 덮었는데 의외로 한기를 몰아내는 거라, 그 순간 한기로부터 나를 막아주는 것은 내 몸 전체를 감쌀 이불이 아니라 아주 작은 손바닥일지라도 한 치의 망설임도 없이 달려와 주는 간절함임을 손바닥 이불을 덮어 보고서야 알았다

헝가리 연인

짠 음식을 먹을 때
누구나 미간을 찌푸리게 된다
헝가리에서는
여자가 사랑에 빠졌을 때
요리를 하면 소금이 많이 들어간다 한다
연인만 생각하다가
소금이란 생각을 잊는다고 한다
음식이 너무 심심하면
나를 사랑하지 않는구나
오히려 그런 생각을 한다고 한다
아내가 어느 날 갑자기
내가 미워져서
과하게 짠 음식을 내오더라도
미간을 찌푸리기보다는
이제 나를 너무도 사랑하는구나 하고
헝가리 연인이 되기로 했다

해설

사람과 사람 사이를 운행하는 버스

신상조(문학평론가)

　버스 기사는 육체노동자인가, 아니면 서비스 노동자인가? 버스 기사가 승객들에게 서비스할 일이 뭐가 있나 싶다가도, 이왕이면 친절한 기사가 운전하는 버스를 타고 싶은 걸 보면 서비스 노동자가 맞는 것 같기도 하다. 아무튼 서수찬 시인은 버스 기사고, 시인이 버스 기사라는 사실이 조금은 낯설다. 여기에는 '노동'에 대한 우리의 편견이 견고한 벽처럼 놓여 있다. 노동에 위계가 있다는 게 우리의 첫 번째 편견이라면, 노동이 없는 삶이 이상적이라는 생각은 우리의 두 번째 편견이다.

　사실 우리가 행복의 조건이라고 생각하는 목록에는 노동이 없다. 휴식을 위해 떠나려 짐을 꾸리는 사람이 만약 자신의 일상을 연장하는 형태의 일거리를 챙긴다면 우리는 이런 사람을 일중독자라고 부른다. 휴식과 일을 분리하지 않는 그를 비정상적이라고 여기는 심리에는 노동에 대한 부정적 인식이 깔려 있다. 빌딩 하나쯤 소유한 임대업자로 떵떵거리며 살고 싶다는 욕망은 노동의 굴레에서 벗어나고 싶은 염원에 다름 아니다. 하다못해 며칠만이라도 아무 일도 하지 않은 채 마음껏 뒹굴며 게으름을 부려보고 싶은 소망 역시 노동을 지긋지긋하게 여기는 마음에서 출발한다. 이처럼 노동이 삶을 불행하게 만든다는 생각과 노동이 고통스럽다는 생각은 동전의 양면처럼 붙어 있다. 하지만 인간의 역사는 노동의 역사이기도 하다. 인간은 노동을 통해 개인과 사회를 발전시켜 왔고, 노동이 없는 삶은 그 자체로 무의미한 삶과 통한다는 것 또한 부정할 수 없다.

  헤겔은 '노동은 사적 소유권의 근거를 넘어 주체와 객체가 통일되는 과정이며, 인간이 자기의식과 자기 정체성을 확보하는 계기'라고 주장했다. 마르크스는 헤겔의 노동관을 수용하면서도 노동 자체가 한계를 지닌다는 그의 주장에는 동의하지 않았다. 마르크스는 '인간은 노동을 통해 외부 대상인 자연을 가공하여 인간의 욕구와 자기실현에 알맞은 인간화된 자연으로 만든다'고 보았다. 다만 그는 노동을 통한 주객 통일의 한계가 사회적 구조의 한계에서 비롯된다고 분석하며, 노동을 통한 인간의 자아실현을 완성하기 위해서는 사회 구조를 변혁해야 한다고 역설했다. 그리고 노동과 관련한 동안의 한국 현대시는 마르크스가 언급한 저 '사회 구조의 변혁'에 상당 부분 경도되었던 것이 사실이다. 이는 그리 길지 않은 한국의 자본주의 역사에서 노동이 가지는 의의가 투쟁에의 의지를 바탕으로 사회 구조 개혁을 지향했음을 보여주는 하나의 방증이다. 이런 맥락에서 서수찬 시의 '노동'을 버스 기사이자 시인이 쓴 순전한 자기고백으로 읽는 것은 충분히 가능한 일이지만 그리 바람직하지는 않다. 무릇 시인이란 자신의 삶이라는 형식에서 의미를 도출함으로써 특정한 의미를 생산하는 자이고, 이러한 관점에서 시인은 자신의 텍스트인 생활 현장이나 가정사를 그대로 베끼는 자가 아니라 공명(共鳴)의 언어로 번역하는 자이기 때문이다.

> 나는 버스를 몬다
> 코로나가 극성을 부려도
> 나는 버스를 몬다
> 내가 맡은 건 죽으나 사나 버스 한 대다
> 내가 맡은 국경은
> 오로지 버스 한 대다
> 세계가 이미 다 뚫렸는데도
> 나에겐 버스 한 대가 나의 세계다
> 세계에서 유일하게 남은 보루가

내 버스 한 대라 생각하고
　　나는 오늘도 버스를 몬다
　　내가 맡은 건 커다란 것도 아닌
　　눈에 표 나는 것도 아닌
　　그저 마스크를 안 쓰면 안 태워주는 일
　　평상시에 욕하는 입을 틀어막는 일
　　대놓고 무시하던 입들에 꼭
　　마스크를 씌우는 일
　　고성방가를 즐기던 입에
　　방음벽을 설치하는 일
　　그게 신이 나서
　　나는 버스 한 대를
　　철두철미하게 지킨다
　　　　　　　　　—「국경을 지키는 일」 전문

 시인의 페르소나인 'S시인'에게 노동의 대상이자 생활현장은 '버스'다. 아직 개발되지 않은 자연과 무관한 그의 노동 현실은 대중교통을 대표하는, 승객들을 태운 채 정해진 코스를 반복적으로 순환하는 네 개의 바퀴 달린 자동차인 것이다. 이 시에서 주목할 것은 "세계가 이미 다 뚫렸"다는 시인의 부정적 인식이다. '뚫린 세계'는 최초의 공산주의 국가인 소비에트 연방이 74년 만인 1991년 무너지며 동유럽의 국가들 역시 공산주의 타이틀을 내려놓고 만 역사를 환기할 수도, 더 직접적으로는 물질이 정신을 점령하고 만 자본주의적 현실을 가리키는 것일 수도 있다. 그 정체가 무엇이든 세계가 적에게 점령당한 상태에서 "유일하게 남은 보루가/내 버스 한 대"인 시인에게 버스란, 적의 침입을 막기 위해 존재하는 튼튼한 구축물이거나 몸 바쳐 지켜야 할 대상이다. 다시 말해 S시인에게 버스는 비현실적인 현실이고, 실제적으로는 현실에 있으면서 현실의 주민들에게 훼손당하거나 거꾸로 현실 너머의 이상에 매우 가까운 세계다.

욕하는 입, 대놓고 무시하는 입, 고성방가를 즐기는 입들에게 날마다 훼손당하는 세계의 끝 마지막 보루에서 시인은 그 입들을 틀어막고, 마스크를 씌우고, 방음벽을 설치하는 작전을 철두철미하게 펼친다. 전쟁에서 살아남은 마지막 남은 전사를 자처하는 그가 관계하는 세계는 이처럼 비루하다. 하지만 비루하다고 노동의 대상을 내려놓는다면 그건 대상에 진다는 뜻이다. 비루하므로 마지막 남은 보루인 버스를 버린다면 밥벌이를 포기함은 물론이려니와 시인으로서의 존재 이유가 상실되고, 이 비루한 현실은 그 비루함으로 말미암아 시인의 자아와 도무지 '관계'할 수가 없게 된다. 이때 S시인이 할 수 있는 일은 현실 속에 존재하는 다른 현실을 발견하는 것이다. 다음의 시는 그런 사정을 적절히 설명한다.

소래를 지나가는 버스는

아직도 불심검문을 한다

무슨 사상을 숨기고 다니는 것도 아닌데

죄다 검은 비닐봉지에다

꽃게나 새우를 숨기고 탄다

문제는 꽃게나 새우가

집게다리나 수염을 이용해서 슬그머니

승객들에게 냄새 테러를 가한다는 데 있다

지독하다

그러니까 검은 비닐봉지는

사상을 가린다

소래 어물전 상인들도

무슨 부끄러워할 일도 아닌데

하루 종일 일한 작업복과

작업복을 따라온 비린내를

검은 비닐봉지에다 숨기고 타는지

검문하면 화부터 낸다

소래 사람도 못 믿냐고

그래 검은 비닐봉지가 당신들을

못 믿게 만든다고

시인들도 못 믿냐고

그래 당신들이 쓴 시가

> 검은 비닐봉지처럼 모두다 가려서
>
> 그런다고
>
> ―「버스 기사 S시인의 운행일지」 전문

   소래는 아득한 개펄의 질척거림 속에 인간의 누추한 마을을 끼고 있는 곳이다. 김훈은 그의 산문에서 '소래'에 대한 인상을 다음과 같이 쓴 바 있다. "포구에서, 생산자는 자연의 먹이사슬의 정점에 서고, 그 정점으로 인간의 먹이사슬의 맨 밑바닥을 받친다." 이처럼 먹이사슬의 꼭대기에 있는 인간이 먹이사슬의 밑바닥을 형성할 수밖에 없는 개펄에서의 삶이 있는 곳. 시인이 '우럭'을 빗대 "바닥이 늘 고향인 사람들"(「우럭」)이 사는 곳이라고 표현한 곳이 바로 소래다. 그러나 '소래'는 관광지로도 유명하다. 소래포구와 소래어시장을 끼고 있는 덕분에 이곳에서 버스를 타는 승객들 손에는 어시장에서 장본 거리들이 담긴 검은 비닐봉지가 들려 있게 마련이다. 딱딱하고 날카로운 꽃게의 집게다리나 새우의 수염은 흔히 비닐봉지를 찢고 나오고, 해산물 특유의 비린내가 나는 것은 당연지사다. 소래 어물전에서 하루 종일 일한 상인들이 버스를 탈 때면 그들의 작업복이 묻혀온 비린내 역시 "냄새 테러"의 수준을 방불할 터이다. 소래를 배경으로 삶의 역동성을 표상하는 이 각양각색의 승객이나 해산물 등은, 「버스 기사 S시인의 운행일지」에서 '불신검문'의 대상인 객관적 상관물로서 버스에 입장한다.

문제는 '검은 비닐봉지'가 은밀한 사상을 가리는 역할을 은유한다는 사실이다. 이러한 은유가 성립하기 위해서는 승객이 '불순분자-되기' 과정과 꽃게나 새우가 '불순한 사상-되기' 과정이 개입해야 한다. 시는 이러한 변신의 절차를 거친 후에 다시 그 승객들을 일반 시인과 동일시한다. 결국 세상의 시인들이 쓴 시는 검은 비닐봉지처럼 자신의 사상을 "다 가려" 버리므로, 불심검문의 주체는 이런 시인들을 향해 '당신들을 믿을 수 없'노라 대답한다. 그에 따르면 검은 비닐봉지는 마땅히 세상에 드러나야 할 사상을 가리고, 삶에 밀착된 건강한 노동을 창피한 것으로 여기게 만든다. 그리고 이 모두는 "당신들이 쓴 시"로 말미암는다.

위의 시에서 '사상'은 내용에, 그리고 '검은 비닐봉지'는 형식에 대응한다. 시적 형식인 '검은 비닐봉지'의 부정적 의미를 구체적으로 파악하려면 서수찬 시인의 첫 번째 시집 『시금치학교』(2007년)를 호명할 필요가 있다. 무려 등단 17년 만에 선보인 이 시집에서 시인은 "학교 갔다 돌아오면/어머니는 시금치 밭에/노상 앉아만 계셨어요/어머니의 수업은 파란 시금치 밭"이라며 자식들의 생계를 책임졌던 어머니의 노동을 빌려 자신의 가족사를 들려준다. 또한 누대(累代)의 가계가 다르지 않은 이웃들, 즉 "법성포 외진 바닷가"를 삶의 터전으로 삼고 살아가는 어민들의 바닥난 삶, 그리고 "대추리 도두리" 농민들의 초라하고 신산한 삶을 "과장도 엄살도 없이" 그려낸다. 그의 시가 농어민을 "사회적이고 역사적인 주체로 인식하고 있"다는 시집의 해설은, 서수찬 시의 개별성이 노동문학이라는 보편성 속에 자리매김하고 있음을 보여준다. 하지만 유감스럽게 한국 현대시는 『시금치 학교』와 같은 노동문학을 작품의 내용이나 형식보다는 실천적 효과만을 기대함으로써 문학적 가치를 전도시키거나, 반대로 특유의 실천적 미학을 폄하해 버리는 과정을 지나왔다. 이는 노동문학이 소박한 현실 모사론과 기능론을 벗어나지 못한 데 잘못이 있는 게 아니라, 미학적 개별성과 미학적 당파성을 구분하지 못한 편중된 인식에 그 혐의가 있다. 어쩌면 우리는 상이한 문학관들의 차이를 다양성으로 포용하기에는 지나치게 실천적이거나, 자신의 잣대로 남의 문학을 제멋대로 무시하는 문학적 야만의 시대를 통과해 왔는지도 모르겠다.

『시금치 학교』를 근거로 살펴봤을 때, 서수찬의 시는 문학성보다 문학의 사회적 기능을 중시하는 노동문학을 출발점으로 삼는다. 주지하다시피 노동문학은 리얼리즘의 기본원리라고 말할 수 있는 반영이론과 깊은 관계를 맺고 있다. 시를 현실과 연계하고, 그에 따른 정직한 관찰력과 재현을 우선하는 방식이 리얼리즘인 것이다. 전통적인 생활방식이 사라졌듯 노동과 노동자의 양상도 달라졌다. 노동과 관련한 개념과 기준이 모호해지고 정치적 현실이나 사회적 여건의 변화가 소비사회의 욕망 체계로 완벽히 수렴된 오늘날, 시인의 문학관 역시 이런 현실로부터 마냥 자유로울 수는 없을 터이다. 요컨대 그의 시가 역사적 책임의식과 노동자 계급의 현실성이라는 자장에서 벗어나 시적 내용과 시적 형식에 균형 잡힌 관심을 보이고 있음은 앞선 시집과 큰 차이를 나타내는 지점이다. 그렇더라도 시에서의 '검은 비닐봉지'가 작금의 지배적 문학관을 거부하는 시인의 심미적 태도를 드러내는 소재임은 분명하다. 이는 시인의 문학이 가지는 자율성이자 방향성이다. 서정시라는 장르가 어떤 것보다도 주관성을 지닌다는 점에서 이러한 선택은 불가피한지도 모른다. 예컨대 「골목―안 좋은 습관」은 서수찬 시의 '저 심미적 태도'를 상징적으로 보여준다.

> 골목에 대해서
> 후일담이라고 말하지 말자
> 나는 골목에게 빚진 것이 너무나 많다
> 지금까지 살아있는 것도
> 골목 하나 잘 만난 덕분이다
> 낯선 구두 소리에게는
> 그 골목이 그 골목 같고
> 쫓아오다 제 풀에 지쳐서
> 자기 구두 소리를 가지고
> 되돌아서게 만든다

우리 친구는

친목회를 할 때마다 수십 번도 더

내 집 골목을 드나들었으면서도

꼭 전화를 받고 나가서

데려와야만 했다

친구는 시대가 시대니 만큼

그만 안 좋은 습관을 버리라 했다

—「골목—안 좋은 습관」 전문

  이 시에서 '골목'은 시인의 현실을 반영하는 공간에서 벗어나 상징적 이미지로 새롭게 창조된다. "그 골목이 그 골목 같"아서 "친목회를 할 때마다" 전화를 받고 나가 친구들을 데리고 들어올 정도라는 골목에 얽힌 경험담이 시인의 실제 생활을 보여주는 밑그림이라면, '골목'이 "후일담"이고 "안 좋은 습관"이므로 버리라는 친구의 말은 그것이 함의하는 문학적 상징성을 엿보게 한다. 다시 말해 '골목'은 넓게는 역사와 현실에 대해 책임을 의식하는 문학을 가리키고, 좁게는 리얼리즘을 계승한 하위 장르로서의 노동문학을 의미한다. 때문에 '골목'은 서수찬 시의 기원이자 시인이 지향하는 문학의 표정이거나 자신이 지녀야 할 심정의 지표이다.

  "골목에게 빚진 것이 너무나 많"고, "지금까지 살아있는 것도/골목 하나 잘 만난 덕분"이라는 시인의 고백은, 왜 아직도

'골목'을 벗어나지 못했느냐가 아니라 서수찬 시의 순결한 의지가 거기서부터 비롯됨을 확인시켜 준다. 그는 다른 문법이나 상상력에 매진하는 문학적 신도시로의 이주를 거부한 채 후일담으로 치부되는 '골목'에 기꺼이 거주하려는 자이며, 그의 문학적 신념과 재능도 거기에서 가장 빛난다. 그런 의미에서 「갈비뼈의 무덤」은 '골목'의 오랜 거주자이기를 고집하는 시인 특유의 서정적 감응과 인식을 통하여 세계를 예리하게 통찰하고 있는 작품의 좋은 본보기다.

> 기타를 만드는 공장
> 노동자들의 롤 모델은 자신들이다
> 기타는 갈비뼈를 그대로 빼닮았다
> 기타에 자신들의
> 갈비뼈를 걸어놓았기 때문에
> 어디서든 줄을 건드리면
> 몸속에서 먼저 신호가 울린다
> 자본은 그들의 갈비뼈를
> 강제적으로 아름답게만 조율하다 보니
> 기타 줄이 쉽게 끊어졌다
> 기타 줄은 대체 가능한 물품이다
> 그래서 누군가 갈비뼈를
> 통증의 극한까지 잡아당긴다

모든 아름다운 노래 뒤에는

이름도 없는 갈비뼈의 무덤들이 있다

—「갈비뼈의 무덤」 전문

　노동과 관련한 세계인식에 있어서 서수찬 시의 비판적 사유를 잘 보여주는 시가 「갈비뼈의 무덤」이다. 시인은 "기타를 만드는 공장/노동자들의 롤 모델은 자신들이다"라는 진술로써 스스로가 이해하는 모순된 세계인식 속으로 독자를 끌어들인다. 공장 노동자들이 모범의 대상으로 삼는 사람이 바로 자신들이라는 말은, 다른 꿈조차 꿀 수 없는 불모의 삶이 공장 노동자 자신에게서 끝나지 않고 대를 이어가며 계속될 것임을 반어적으로 암시한다. 시인이 보기에 이 시대의 노동자들은 "사장님네 강아지는 감기 걸려서/포니 타고 병원까지 가신다는데/우리들은 타이밍 약 사다 먹고요/시다 신세 면할 날만 기다리누나"(노래를 찾는 사람들의 〈야근〉 중에서)라고 노래하던 과거의 구로공단 여공들에게서 그리 멀어 보이지 않는 듯싶다.

　「갈비뼈의 무덤」은 기타의 외형이 인체의 생김새와 닮았다는 데서부터 시상이 출발한다. 인체와 기타의 유사성에 토대를 둔 이 첫 번째 비유는 '인체의 갈비뼈=기타 줄'이라는 두 번째 비유로 나아간다. 결과적으로 자본에 종속된 공장 노동자들의 삶과, 강제로 조율되면서 통증의 극한을 체험하는 인격

이 부여된 기타 줄은 동일하다. 무엇보다 시에서 주목할 부분은 생산관계에 기초한 노동자가 소비사회의 모순이 반영된 대상으로 확장되는 데 있다.

"기타 줄은 대체 가능한 물품이다"라는 시행이 자본에 의해 소모품처럼 사용되고 버려지는 노동자들의 처지를 함의한다면, "모든 아름다운 노래 뒤에는/이름도 없는 갈비뼈의 무덤들이 있다"에서는 자본의 폭력에 노출된 노동자들의 생존 조건이 비극적으로 드러난다. 나아가 노동자의 몸이 생산의 도구인 동시에 생산의 결과물인 생산품에 빗대어진다는 것은, 그들이 노동의 주체이자 소비하는 주체로서 자본에 이중적으로 착취당한다는 사실을 명징하게 보여준다. 이는 현실의 표층만 묘사하는 사실주의를 넘어서서 현실의 심층을 확대하고 심화한 해석으로, 세상에 대한 정직한 관찰과 묘사만으로는 담아낼 수 없는 비인간적 노동현실과 소비사회의 그늘에 대한 이중적 형상화다. 시인은 노동 및 세상에 대한 인식을 입체적으로 전달함으로써 자본주의 체제 내의 삶이 씨실과 날실처럼 복잡하게 얽힌 모순투성이임을 감각적으로 전달하고 있는 것이다.

이처럼 『버스 기사 S시인의 운행일지』에서는 노동과 관련한 시인의 비판적 세계인식이 곳곳에서 발견된다. 그러나 이번 시집에서는 비판적 시선이 형성하는 비장함이나 적의(敵意)보다는 연민과 사랑으로 상처를 치유하는 서정적 감응의 세계가 바탕을 이루고 있다. 이러한 사유의 중심에는 일상 속 타자나 가족이 있다. 이 과정에서 시인은 부정을 넘어선 긍정의 사유와 더불어 새로운 차원의 시세계를 펼치고 있다. 특히 일상에서의 체험이나 깨달음을 노래할 때 서수찬의 시는 일절 꾸밈이 없는 언어를 추구한다. 그중 '열매'를 소재로 한 「사람의 열매」는 '무기교가 기교'인 시들 중 하나로, 생존으로서의 삶을 넘어 진정으로 '잘 사는 삶'이란 과연 무엇인가에 대한 시인의 깨달음을 담고 있다.

> 세상 모든 나무들은
> 열매를 네모나 세모처럼 각이 지게 내지 않는다는 것을
> 내 머리에 떨어져
> 저만치 굴러가는 은행 알을 보고 새삼 깨닫는다
>
> 열매가 무기가 되지 않게
> 동그랗게 궁굴릴 줄 아는 마음이
> 사뭇 고맙다
>
> 사람의 열매인 자식도
> 동그랗게 말아서 세상에 내보내야 하지 않겠나
> 누구에게 떨어져도
> 무기가 되지 않게

—「사람의 열매」 전문

　열매는 둥글다. 둥긂은 어디로든 굴러갈 수 있는 유목의 형태이기도 하고, 세상 가장 낮은 밑자리로 굴러갈 수 있는 겸허함을 갖춘 형태이기도 하다. 그런데 시인은 열매의 둥긂을 인간이 인간을 겨누며 공격하지 않는 평화와 안정의 휴머니즘적 희원과 연결시킨다. 자신의 머리에 떨어진 은행 알을 보고 시인은 "네모나 세모처럼 각이 지"지 않아서 머리가 다치지 않음에 감사하는 마음을 가진다. 이어서 시인은 사람도 자신의 열매에 해당하는 자식을 "동그랗게 말아서 세상에 내보내야 하지 않겠나" 하는 깨달음에 이른다. 이러한 생각은 사람이 어떻게 살아가야 하는가라는 본질적인 것이어서, 삶의 의미를 잊은 채 살아가는 우리에게 당혹스러움과 함께 큰 울림을 선사한다.

　지독하게 자기중심적인, 욕망에 집착하거나 보잘것없는 것으로 우쭐대며, 출세를 하고 싶고 부자가 되고 싶은 우리에게, 그래서 그러한 나의 자식이 남들과의 경쟁에서 기필코 이기도록 양육하는 게 목적인 우리에게, 이 시는 진정으로 '잘 사는' 길인 배려와 성찰이라는 또 다른 생의 동력을 일러준다. 모가 나고 날이 서 있던 우리의 공격성은, 아마도 맹목적인 생존을 잘 사는 것으로 착각하며 살아가느라 '너'에게 주고 '내'가 받기도 한 수많은 상처로 빚어진 날카로움일 터이다. 그러므로 "일렬로 줄 세우고/강압적이고 계급적인" 서열 중심의 '말(馬)' 사회가 "어린이나 노약자"인 관람객을 서열이 가장 높은 말에 태울 때 안전하고 평화로운 관광지의 풍경이 빚어지듯(「서열」), 또한 "나무에서 떨어져/바닥에 굴러다니는 살구가/더 달고 맛있는" 이유가 "열매에 대한 애착"을 버려서이듯(「살구처럼」), 공격성을 무장해제한 사회는 자신을 비워낸 마음들로 이루어진다. 예컨대 "수많은 갈매기 떼가 서로/부딪칠 만도 한데/바닥에 부딪쳐/떨어져 내린 갈매기가/한 마리도 없"음은 "갈매기들은/옆 갈매기가 날개를 펼 공간을/몸에다 숨기고 있"(「갈매기 떼」)어서이다.

『버스 기사 S시인의 운행일지』는 문학의 조건이 연민이라는 사실을 충실히 보여준다. 문학은 "거의 언제나 고통당하는 자, 약한 자, 억압받는 자의 편"이었다. 때문에 문학은 행복이나 기쁨보다는 불행과 슬픔을 더 많이 이야기하고, 보잘것없고 가여운 것들을 오히려 존중히 여기며 애틋하게 대한다. 연민은 대상의 처지에 공감하고 그것을 불쌍히 여기는 마음으로, 서수찬의 시에 의하면 '슬픈 귀'를 가지고 있다.

　　나는 아래층 치킨 집 매상을
　　계단을 밟고 안 내려가 봐도 다 안다
　　영업이 끝나고
　　셔터 내리는 소리에

그날 매상의 이력이 다 적혀 있다
나는 장부를 들여다보듯 읽는다
매상의 오른 날의 셔터 소리는 거침이 없이 부드럽게
촤르르 촤르르 내려간다
셔터를 내리는 손길이 부르는 노래가
내 달팽이관에 즐겁게 모인다
매상이 저조한 날에는
셔터가 마지못해 내려오느라
끼걱 끼걱 찌그러진 소리를 낸다
내 귀는 얼른 가서
안 내려오려는 셔터를
억지로라도 도와서 내려주고 온다
어쩌자고 치킨 집 주인은
내 귀에다
가게의 비밀을
속속들이 다 적는 걸까

　　　　　　　　　　　—「귀가 슬픈 사람」 전문

  연민의 마음을 가진 사람은 아래층 치킨 집의 매상이 저조한 날이면 셔터 소리가 "끼걱 끼걱 찌그러진 소리를 낸다"는 걸 안다. 그런 상황에서 "억지로라도 도와서 내려주고 온다"는 상상을 하지 않는 시는 시가 아니라고 해도 결코 지나치지 않을 것이다. 해서 시인은 연민으로 인한 분노를 가진 채 "누가 저녁노을을 보고/죽어가고 있다고 말할 수 있는가/눈앞이 깜깜하다고 체념할 수 있는가"(「사양산업」)라고 세상을 향해 반문하거나, "글 쓰는 사람으로 생각해본다//독자들에게/진범과 피나물로 속이고 있지는 않은지/시 옆에 바로 따닥따닥 붙어서/시로 위장하고 있지나 않은지"(「나물 옆에 따닥따닥 붙어서」)를 스스로에게 질문해본다.

"무언가 굶주려 있"던 청년 시절의 시인이 "할머니의 정성이 흘러넘친 도시락과/수학 1의 정석과 재수 학원증만이"(「교보문고」) 들어 있는 "촌스러운 가방"을 들고 광화문 교보문고에서 독서를 했던 것처럼, 『버스 기사 S시인의 운행일지』 속에는 여전히 김칫국물이 흐르는 도시락과 수학 1의 정석과 재수 학원증을 닮은 것들이 들어 있는지도 모르겠다. 하지만 도시락과 책과 수강증은 손자를 보살피는 할머니의 정성과 가난한 청년의 꿈에 다름 아니다. 그것들은 "몇십 년 후"인 오늘날에도 초라하기는커녕 여전히 아름다운 결기와 따뜻한 체온으로 다가온다. 그날, 가난했던 청년은 그 가방을 열어 자신을 책 도둑으로 넘겨짚은 교보문고 직원들의 의심을 "당당하게 발로 걸어찼"었다. 마찬가지로 서수찬의 시는 현재도 이 아름다운 것들로 감동도 울림도 없이 스마트하게 반짝이는 세상을 당당하게 걸어찬다. 아직도 그는 이런 아름다운 문학을 한다. 아직도 이런 아름다운 문학을 읽고 있는 당신처럼.

시인동네 시인선 168

버스 기사 S시인의 운행일지
ⓒ 서수찬

초판 1쇄 발행	2022년 1월 28일
초판 2쇄 발행	2022년 5월 26일
지은이	서수찬
펴낸이	김석봉
디자인	헤이존
펴낸곳	문학의전당
출판등록	제448-251002012000043호
주소	충북 단양군 적성면 도곡파랑로 178
전화	043-421-1977
전자우편	sbpoem@naver.com

ISBN 979-11-5896-541-9 03810

*이 책의 판권은 지은이와 문학의전당에 있습니다.
*양측의 서면 동의 없는 무단 전재 및 복제를 금합니다.
*잘못 만들어진 책은 바꿔드립니다.
*이 시집은 〈2022년 문학나눔 도서보급사업〉에 선정되었습니다.